Une grosse surprise pour
Petit Pingouin

Pour Minititi, qui grandit
sur l'île des Dieux, en Polynésie
M.-D. C.

À mon père
F. B.

Catalogage avant publication de Bibliothèque et Archives Canada

Croteau, Marie-Danielle
Une grosse surprise pour petit pingouin
Pour enfants.

ISBN 978-2-89512-604-1 (rel.)
ISBN 978-2-89512-605-8 (br.)

I. Brassard, France, 1963- . II. Titre.
PS8555.R618G76 2007 jC843'.54 C2007-940012-4
PS9555.R618G76 2007

Directrice de collection : Lucie Papineau
Direction artistique et graphisme : Primeau & Barey
Dépôt légal : 3e trimestre 2007
Bibliothèque nationale du Québec
Bibliothèque nationale du Canada

Dominique et compagnie
300, rue Arran, Saint-Lambert (Québec)
Canada J4R 1K5
Téléphone : 514 875-0327
Télécopieur : 450 672-5448
Courriel :
dominiqueetcie@editionsheritage.com

www.dominiqueetcompagnie.com

Imprimé en Chine

Nous remercions le Conseil des Arts du Canada de l'aide accordée à notre programme de publication.

Nous reconnaissons l'aide financière du gouvernement du Canada par l'entremise du Programme d'aide au développement de l'industrie de l'édition (PADIÉ) pour nos activités d'édition.

Nous reconnaissons l'aide financière du gouvernement du Québec par l'entremise du Programme de crédit d'impôt pour l'édition de livres – SODEC – et du Programme d'aide aux entreprises du livre et de l'édition spécialisée.

Une grosse surprise pour

Petit Pingouin

Texte :
Marie-Danielle Croteau

Illustrations :
France Brassard

Dominique et compagnie

Très loin au nord, là où madame la Terre porte ses mitaines blanches toute l'année, vivaient un petit ours et un minuscule pingouin.
Ces deux-là étaient inséparables depuis le jour où, perdus l'un et l'autre dans la tempête, ils s'étaient réfugiés au creux du même glacier.

Méfiants, ils avaient attendu que passe le mauvais temps en s'épiant du coin de l'œil. Ensuite, ils étaient partis, chacun de son côté, à la recherche de leurs parents. Sans s'en apercevoir, ils avaient décrit un grand cercle et s'étaient retrouvés nez à nez. Ce qui les avait bien amusés.

Le lendemain, ils avaient poursuivi leurs recherches ensemble.
Et le jour suivant aussi. Puis, petit à petit, ils avaient oublié de chercher et avaient recommencé à jouer. Car après tout, ils n'étaient que des enfants et ça, ils ne l'avaient pas oublié.

Petit Ours était le plus fort des deux, mais c'était Petit Pingouin le plus malin. Il proposait toujours à son ami des jeux où il était certain de gagner. Dans les airs ou sous l'eau, il lui suffisait de déployer ses ailes... Et hop, le tour était joué !

Petit Ours, pourtant bien patient, finit par devenir envieux. Petit Pingouin décida donc de lui apprendre à voler. Ils grimpèrent sur le plus haut de tous les glaciers. Comme ils allaient s'élancer dans le vide, ils aperçurent au loin une immense tache rouge.

Le monstre avançait en broyant la glace et
en rugissant cent fois plus fort que Petit Ours
quand il se mettait en colère. À la fois terrorisés
et curieux, les deux amis cessèrent de bouger.
Ils se cachèrent dans la neige pour pouvoir
regarder, sans être vus, cet animal étrange
et effrayant.

La bête s'immobilisa au pied de leur glacier, toussa une ou deux fois, puis se tut. Une douzaine de petits êtres bizarres grouillaient sur son dos. Ils se tenaient debout, comme Petit Pingouin, et avaient la tête bordée d'une fourrure claire, semblable à celle de l'ourson. Ils parlaient une langue inconnue dans laquelle revenait constamment le mot « bateau ». Ce devait être le nom de l'animal.

Les deux amis restèrent là, immobiles, jusqu'à ce que le sommeil les gagne. Le lendemain, à leur réveil, le bateau avait disparu, ne laissant sur son passage qu'une grosse boule rouge flottant sur la glace broyée.

Petit Ours et Petit Pingouin redescendirent en glissant sur le ventre.
– Le soleil ! s'écria Petit Ours qui, pour une fois, n'arrivait pas le dernier.

Remarquant la corde qui y était attachée, il s'en empara. Il était fier. Grâce à lui, le pôle Nord ne serait plus jamais plongé six mois par an dans l'obscurité.

Petit Pingouin secoua la tête. Impossible que cette chose soit le soleil, elle n'était pas chaude ! Il déclara, sûr de son coup :

– C'est un œuf de bateau !

Et vu que c'était lui, le plus futé, Petit Ours se rangea à son avis.

Les deux amis se mirent à rêver d'un petit bateau qui, une fois devenu grand, pourrait les ramener vers leurs parents. Ils transportèrent leur œuf à l'abri du vent, et Petit Pingouin grimpa dessus pour le couver. Mais l'œuf était si gros que ses pattes ne touchaient pas à terre. Il confia donc cette tâche à l'ourson.

Jour après jour, Petit Pingouin allait pêcher pour nourrir son ami qui, lui, se contentait de couver et de grossir. Petit Ours devint si lourd qu'un beau matin la boule creva et se dégonfla, laissant échapper une bouffée d'air tiède. L'ourson bondit en grognant de joie. Il se pencha et regarda sous lui, mais il ne vit rien d'autre qu'un œuf éclaté. Où était donc passé le bébé bateau ?

Lorsque Petit Pingouin rentra au nid, il trouva son ami penaud, un disque rouge et plat à ses pieds. Petit Ours lui raconta ce qui s'était passé.
– De l'air tiède ? s'étonna Petit Pingouin.

Il réfléchit un moment, se gratta la tête et conclut finalement :
– C'est sûrement le printemps !

Et comme c'était Petit Pingouin, le plus savant, Petit Ours se dit que son ami devait avoir raison.

Oubliant aussitôt leur rêve de bateau, ils se mirent à danser de joie. Enfin le beau temps ! Ils décrivirent chacun un grand cercle dans la neige bleutée et se retrouvèrent…

... nez à nez !